儿童圣经章节

充满神的爱

哥林多前书第13章

如果我能说多种语言，声音也婉转动听，但如果我对身边人缺乏温言爱语...

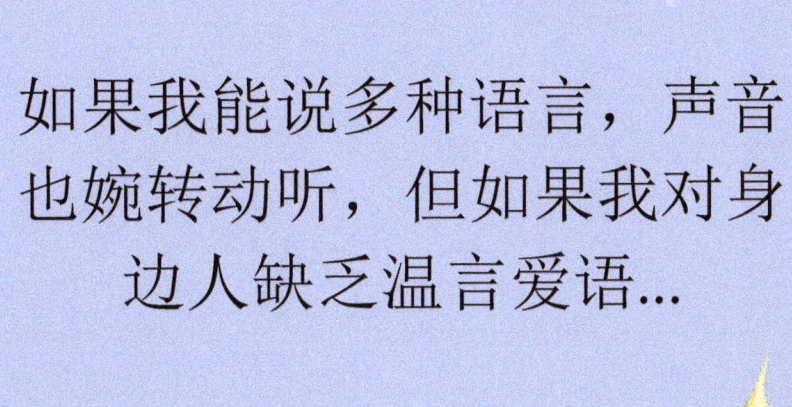

"我若能说万人的方言，并天使的话语却没有爱..."

（第1a节）

...我的话就会让人感到不快,非常刺耳。会让他人感到不开心,他们可能不想听我说话。

"...我就成了鸣的锣,响的钹一般。"
（第1b节）

我可能非常聪明，是班上最优秀的学生，掌握了所有知识，所有成绩都得A+和星星。

那样人们会喜欢我吗？

"我若有先知讲道之能，也明白各样的奥秘，各样的知识。"

（第2a节）

我可能和神很亲近，每天祷告。我可能信心非凡，愿意为祂去做不可能的大事…

"…而且有全备的信，叫我能够移山…"

（第2b节）

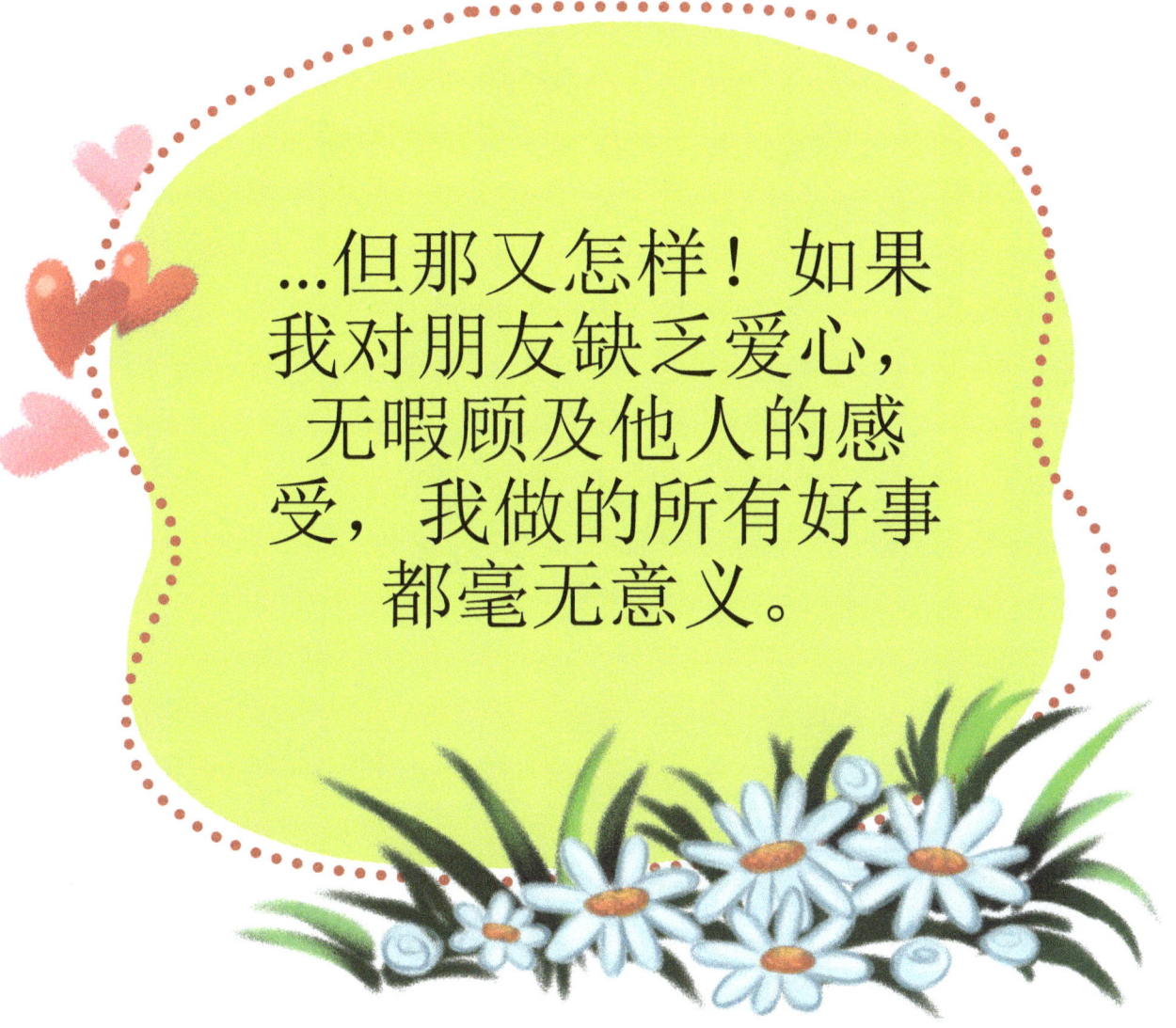

…但那又怎样！如果我对朋友缺乏爱心，无暇顾及他人的感受，我做的所有好事都毫无意义。

"…却没有爱，我就算不得什么。"

（第2c节）

如果我将多余的玩具和衣物送给贫穷而匮乏的孩子,却不愿意和弟弟妹妹分享,这又有什么用呢?

"我若将所有的周济穷人,又舍己身叫人焚烧,却没有爱,仍然与我无益。"(第3节)

爱是乐意停下手头的游戏，在他人需要时伸出援手。爱是耐心对待他人，帮他们擦去眼泪，并安慰他们。

"爱是恒久忍耐，又有恩慈。"（第4a节）

爱是在朋友拥有新玩具时为他们感到高兴，不对别人说："你看，我有这个，你没有！"

"爱是不嫉妒。爱是不自夸。不张狂。"

（第4b节）

爱不是事事争强好胜,而是和团队共同努力,将事情做好。

"不作害羞的事。不求自己的益处。"

(第5a节)

有爱就不会轻易生气。即便别人犯错，也会态度友好，原谅他们。

"不轻易发怒。不计算人的恶。"

（第5b节）

别人受到伤害之时,我不会嘲弄或取笑他们。相反,我会怀着爱意,赞美美好的事物。

"不喜欢不义。
只喜欢真理。"

(第6节)

当我充满爱心之时，我会关心他人，为他人着想。我会信任他们，鼓励他们克服困难。

"凡事包容。凡事相信。凡事盼望。凡事忍耐。"（第7节）

万物都会生老病死,
他人可能令我失望。
但我始终可以指望的
就是…爱!

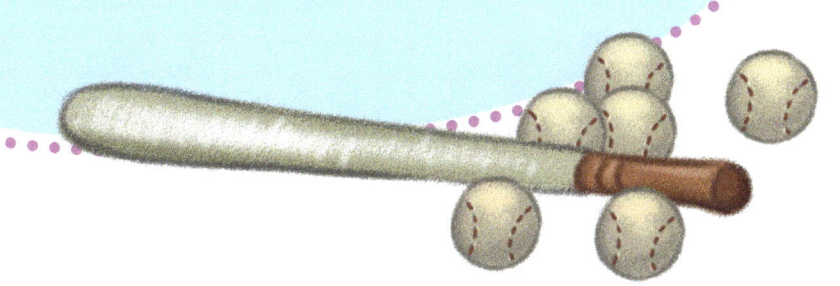

"爱是永不止息。"

(第8a节)

当我勤奋用功,努力了解新事物之时,效果有时并不如意。生活有时并不完美。

"先知讲道之能,终必归于无有。说方言之能,终必停止,知识也终必归于无有。"（第8b节）

我可以坚守三件重要的东西：信仰、希望和爱。但最美好的事情，莫过于生活中充满爱。

"如今常存的有信，有望，有爱，这三样，其中最大的是爱。" （第13节）

本系列更多图书：

iCHARACTER

出版商：iCharacter Ltd.（爱尔兰）
www.icharacter.org
作者：Agnes 和 Salem de Bezenac
插图：Agnes de Bezenac
配色：Sporg Studio
版权所有。保留所有权利。
所有圣经经文改编自KJV。

Copyright © 2017 iCharacter Limited。版权所有。除书评人可在重要文章或评论中简短引用本书内容外，未经出版商或作者书面许可，不得以任何形式或通过任何电子或机械方式（包括信息存储和检索系统）复制本书任何内容。